LETTRE

D'UN

GARDE NATIONAL

NON ÉLECTEUR

Aux Gardes nationaux.

PARIS.

IMPRIMERIE ET FONDERIE DE RIGNOUX,
RUE DES FRANCS-BOURGEOIS-S.-MICHEL, 8.

1838

LETTRE

D'UN

GARDE NATIONAL

NON ÉLECTEUR

AUX GARDES NATIONAUX.

————◆————

GARDES NATIONAUX, MES CAMARADES,

Depuis quelque temps nous donnons à l'Europe un étrange spectacle. Après l'avoir remplie du bruit de notre fidélité et de notre dévouement aux institutions de juillet, nous l'étonnons par notre inconstance, et par l'inconcevable mobilité de nos opinions.

Il y a sept ans à peine qu'au sortir d'une révolution sans exemple, une loi électorale a été donnée à la France. Sous l'influence de cette loi, les passions politiques, qui fermentaient avec tant de violence, se sont peu à peu calmées. Nous avons vu les différents germes de guerres civiles détruits, la paix de l'Europe maintenue, des expéditions utiles et glorieuses exécutées, des lois importantes votées, et le gouvernement constitutionnel établi enfin sur des bases solides et durables.

Tout à coup une voix s'élève et parle de *réforme;* et cette voix, grossie par les échos de la presse, devient bientôt une clameur qui couvre et étouffe toute discussion ; et voilà qu'une partie de la nation est saisie comme d'un esprit de vertige, et que des pétitions circulent et vont partout solliciter des signatures ; et la Garde nationale, jusque-là si attentive à se défendre de provocations semblables, la Garde nationale elle-même se précipite, sans distinguer où on la mène; et les noms constitutionnels se lisent à côté des noms légitimistes; les noms monarchistes à côté des noms républicains : alliance bizarre, mais significative, qui aurait dû ouvrir les yeux aux moins clairvoyants, et faire rentrer en eux-mêmes tous les hommes de bonne foi !

Il n'y a réellement en France que deux partis :

les Démolisseurs,

les Conservateurs.

J'entends par *démolisseurs* (qu'on me passe

ce mot) les partisans de la souveraineté du peuple et les partisans de la souveraineté royale, quels que soient d'ailleurs les noms qu'ils se donnent, quelles que soient les nuances qui les distinguent. Que les uns poussent à la réforme, pour arriver à la république ; que les autres prétendent déblayer, comme on dit, le terrain, perdre la constitution par la république, la république par ses propres excès, et, sur les ruines de ces deux gouvernements, établir une monarchie nouvelle : peu importe. Si le but est différent, le moyen est le même : démolir.

Les *conservateurs* sont ceux qui veulent le maintien de la monarchie constitutionnelle. Mais il en est parmi eux qui se décorent du nom de *progressifs*, qui se piquent de marcher avec leur siècle, et souvent de le devancer ; qui se passionnent pour tout semblant d'amélioration, qui voient le résultat, et non pas les moyens ; et qui, pour réformer, risqueraient parfois de détruire.

Ceux-là se sont faits les alliés des *démolisseurs*.

Lorsque ces deux partis, poursuivant un but si divers, s'unissent néanmoins pour demander la même chose; quand ils veulent tous deux que le droit d'élection soit accordé à tout Garde national, à tout juré, à tout homme sup posé capable, il y a nécessairement aveugle- ment chez l'un, contradiction ou duplicité chez l'autre.

Je ne m'arrêterai point à discuter avec les démolisseurs, à quoi bon ? Ils savent ce qu'ils entendent par le mot *réforme*. C'est un de ces mots élastiques qui se prêtent complaisamment à tout ce qu'on veut d'eux, et qui signifient, suivant les temps et les personnes, les choses du monde les plus opposées.

Je m'adresse à vous, conservateurs, à vous, hommes sincères dans votre foi politique, et qui, en demandant la réforme, croyez ne de- mander, en effet, qu'une amélioration et un progrès !

Lorsqu'en 1832, Casimir Perrier soutenait à la tribune la loi électorale qui nous régit encore, il la présentait comme une sorte d'épreuve mo- mentanée, et il laissait entrevoir dans le loin- tain certaines modifications : par exemple, le cens abaissé, et un plus libre accès ouvert aux *capacités*.

Mais ces changements ne peuvent être que l'œuvre du temps. Il faut que nous y soyons suffisamment préparés ; car, s'il est vrai de dire que les lois font les mœurs, il est juste aussi de reconnaître que, dans un certain sens, les mœurs doivent devancer les lois ; autrement celles-ci ne seraient qu'un instrument dangereux livré à des mains inexpérimentées.

Jugez-vous maintenant vous-mêmes, vous qui prétendez tout d'un coup, non pas abaisser, mais abolir le cens électoral, et qui, dans votre impatience, convoquez à l'œuvre tous les Gardes nationaux, de quelque parti qu'ils puissent être, légitimistes, républicains, peu importe, pourvu qu'ils rendent votre manifestation plus imposante, plus menaçante, allais-je dire ! Mais quoi ! c'est une coalition que vous organisez, une coalition armée, qui présente sa requête à la pointe des baïonnettes, et qui prouve invinciblement que le temps n'est pas encore venu de modifier notre pacte social !

Rappelez-vous ce que l'on disait aux *émeutiers* de 1830 et de 1831 : « Qu'ils nuisaient aux progrès de liberté, et qu'ils arrêtaient les concessions près de s'échapper des mains du pouvoir. » Ne peut-on pas vous dire aussi qu'en voulant exercer une sorte de violence, et arracher de vive force ce que vous appelez vos droits, vous autorisez le pouvoir à les retenir, vous reculez l'époque des concessions, ou plutôt, vous les rendez impossibles ?

Cependant votre pétition est signée par des Gardes nationaux électeurs, et même par un certain nombre d'officiers.

Mais voici qui explique bien des choses en apparence inexplicables.

En France, le courage civil est rare. Qu'une opinion surgisse au hasard, que la mode s'en empare et la propage, on ne la discute point; on se prosterne devant elle, sans chercher à voir et à comprendre; et si quelque voix indépendante s'élève au milieu du silence général, on se jette sur l'audacieux, on l'accable, on lui ferme la bouche, on le couvre de ridicule et de honte; et le reste, averti par cette exécution sommaire, content que la colère de l'opinion se soit détournée sur une autre victime, le reste se tait, se fait petit, se dissimule. Sous le terrible fouet du journalisme, on rampe, on a peur, on est lâche.

En thèse générale, tous les hommes sont égaux : le vote est un droit naturel. Mais les hommes étant nés pour vivre en société, et une société n'étant possible qu'à certaines conditions, le vote a dû être plus ou moins limité, suivant la forme des diverses sociétés.

Le vote a pour but le bien général; il ne peut donc être laissé à celui qui séparerait son intérêt de l'intérêt de tous, à celui qui ne comprendrait pas l'exercice de ce droit, à celui qui le tournerait contre les autres ou contre lui-même.

C'est donc à la charge d'être intelligent et intéressé à la chose commune que l'exercice du vote est permis.

Le vote donne ou retire la puissance : il la déplace. Selon que vous resserrez, ou que vous étendez le droit de voter, vous modifiez la forme du gouvernement.

Une forme de gouvernement ne saurait être adoptée sans les conditions qui la rendent possible.

La condition indispensable d'un gouvernement constitutionnel comme le nôtre, c'est que l'autorité royale et le pouvoir populaire

soient tenus, l'un par l'autre, dans un juste
équilibre.

Si l'autorité royale prévaut, nous marchons à
l'absolutisme ; si c'est le pouvoir populaire,
nous marchons à la république.

Le pouvoir populaire l'emporterait, et l'équilibre serait détruit, si le vote était direct et universel : il a donc fallu le restreindre et ne le dé-
partir qu'avec une certaine mesure.

L'intelligence sans la propriété ne supposant
pas toujours le zèle du bien public, la propriété,
au contraire, supposant l'intelligence, et offrant
d'ailleurs plus de garanties ; c'est le cens qui,
d'abord, a fait les électeurs.

Ces principes établis, revenons à vous.

Vous vous plaignez que le vote soit accordé
seulement aux contribuables 200 francs, c'est-
à-dire, à moins de deux cent mille électeurs :
vous demandez pourquoi cette distinction in-
jurieuse entre les contribuables à 200 francs,
et les contribuables à 50 francs, par exemple ;
entre ceux qui sont riches, et ceux qui le sont
un peu moins, et ceux qui ne le sont pas du
tout ; et vous voulez que le cens soit aboli, et

que le vote appartienne à tous les Gardes nationaux.

Sans doute, la distinction dont vous vous
plaignez n'existe pas dans la nature ; mais j'éta-
blirai plus tard qu'elle est commandée par notre
forme de gouvernement, et par la division des
fortunes en France.

La loi, en fixant le cens électoral à 200 francs,
ce qui donne l'exercice du vote à deux cent
mille citoyens à peu près, a supposé, comme
une conséquence naturelle de leur position,
de leur fortune et de leur éducation, que ces
deux cent mille citoyens seraient plus *intel-
ligents* que les autres, plus intéressés à la propriété commune, en un mot, plus *capables*.

Supposition injuste suivant vous.

Voyons maintenant votre réforme. Vous supposez, à votre tour, que tous les Gardes nationaux sont naturellement doués des qualités re-
quises : aux ignorants vous supposez l'intelligence ; aux hommes instruits vous supposez les
bonnes intentions. Voilà du moins qui est ac-
commodant. Vous n'êtes pas aussi difficiles que
vos devanciers en fait de garanties : vous ne
vous amusez pas à compter vos hommes et à

marchander avec eux; vous ne dites pas : Il y aura beaucoup d'appelés et peu d'élus; vous dites : Il y aura autant d'élus que d'appelés.

Ainsi donc l'exercice du vote, privilége d'une position acquise, deviendra celui de l'uniforme, et désormais (ce que c'est que le progrès !), pour participer à la direction des affaires publiques, pour être électeur, que dis-je! pour être député, il suffira de monter sa garde.

Vous vous récriez sur les fatigues, les dangers, les sacrifices de tout genre, qui sont le partage de la Garde nationale; et qui, selon vous, constituent un droit.

Qu'est-ce que la Garde nationale? C'est une réunion de citoyens organisés par le gouvernement pour protéger, à l'intérieur, l'État que la milice est plus spécialement chargée de défendre à l'extérieur. Principe de conservation, mais non pas de direction; force, mais non intelligence. Ces fatigues, ces dangers, c'est une sorte d'impôt local exigé de chaque citoyen dans son intérêt particulier, et dans l'intérêt de tous.

Quel rapport peut-il y avoir entre la mission de la Garde nationale et ce droit qu'on veut en faire ressortir? Pris individuellement, nous sommes électeurs, ou non électeurs: la loi nous donne, ou nous refuse le vote, selon les garanties que nous lui offrons. Réunis, nous ne sommes que Gardes nationaux. Il n'est plus ici question de notre capacité politique, chose toute personnelle, qui reste attachée à l'individu, et qui ne saurait s'étendre et se communiquer à la masse. La Garde nationale n'est qu'une réunion de forces, une force organisée. L'appeler à un autre rôle, ce serait conclure d'un ordre de choses à un ordre de choses tout différent; ce serait constituer un droit, là où les éléments de ce droit n'existent pas; ce serait changer entièrement la nature et le but de cette institution.

Songez-y. Le vote étendu à toute la Garde nationale en ferait un corps politique; il y jetterait des germes de discorde, et détruirait cette union, cette confraternité qui la rend si utile et si forte. Gardes nationaux, et seulement Gardes nationaux, nous sommes tous camarades. Il n'est point question d'opinion entre nous; il ne s'agit que du maintien de l'ordre. Une fois électeurs, nous serons constitutionnels, légitimistes, républicains. Malgré l'uniforme , chaque parti reconnaîtra et comptera ses adversaires. Autant notre accord nous faisait puissants pour le bien, autant nos dissensions nous feront puissants pour le mal. C'est alors que nos corps de garde deviendront des clubs politiques, et nos revues des comices : et songez aux excès où pourrait se porter, dans un moment de crise, ce rassemblement formidable de citoyens ennemis et armés !

La plupart d'entre vous ne se sont pas arrêtés à ces considérations ; ils n'ont vu que le beau côté de la chose. Il leur a paru noble et généreux d'élever presque toute une nation au même niveau, et d'appeler au maniement des affaires publiques le plus grand nombre possible d'intéressés.

Écoutez-les. Suivant eux, nous ne sommes pas suffisamment représentés ; les députés ne sont pas réellement les élus du pays ; une faible minorité gouverne la France à son profit, et la majorité, frappée d'un véritable ilotisme, est réduite à les regarder faire, et à se croiser les bras.

Ces raisons seraient fort bonnes, si l'instruction et les lumières étaient partout également répandues; si les hommes avaient la même intelligence, le même intérêt au bien général, la même portée, la même valeur politique.

Mais, regardez autour de vous. A côté des propriétaires qui tiennent au sol, s'agite une population qui ne tient à rien; crédule et facile à tromper, parce qu'elle est ignorante; possédée de l'amour du changement et des nouveautés, parce que, dans un bouleversement général, elle a la chance de s'élever, sans courir celle de descendre. En appelant aux mêmes priviléges des hommes si différents entre eux, vous n'aurez pas élevé la masse de la nation jusqu'à la dignité du vote électoral; vous aurez, au contraire, rabaissé ce droit glorieux jusqu'à la foule : en un mot, vous n'aurez pas réformé, mais détruit notre Constitution.

Sans doute une minorité, faible par le nombre, mais puissante par son influence et par sa valeur sociales, est chargée de représenter le pays. Cependant, si la majorité n'intervient pas directement dans la conduite des affaires, elle n'est pas pour cela condamnée à l'ilotisme; son action, pour être détournée, n'en est pas moins réelle. Si elle ne dirige pas, elle surveille, non-seulement le choix que font les électeurs, ses représentants, mais encore le vote des députés : elle forme l'opinion publique, cette reine des gouvernements constitutionnels.

Il ne faut pas croire que le cens sépare entièrement les électeurs de ceux qui ne le sont pas. C'est une ligne de démarcation nécessaire, et si elle était ôtée, il ne serait plus possible d'en établir une autre ; mais elle n'empêche pas la majorité d'exercer son influence. Il est parmi nous des hommes qui ne paient pas le cens, et qui, par leur réputation de probité et de sagesse, par l'autorité de leur nom, décident du vote des électeurs. Que feraient-ils de plus s'ils étaient électeurs eux-mêmes ? Et pourquoi, direz-vous, sont-ils exclus du droit de voter ? C'est que, sans augmenter par là leur influence, il faudrait, pour les y admettre, ouvrir la barrière à une foule incapable dont leur mérite les distingue, et dans laquelle leur fortune les confond.

Mais, dites-vous, nos électeurs sont-ils donc si exacts à remplir leurs devoirs ? ont-ils tant à cœur les affaires du pays, qu'ils ne songent avant tout à leurs affaires personnelles ? Ils vendent leurs votes à des députés, qui vendent leurs suffrages à leur tour. La corruption est flagrante; et, si l'on ne régénère pas nos colléges électoraux en y appelant d'autres électeurs, la France est perdue.

En supposant le mal tel que vous le faites, est-ce ainsi que vous prétendez y remédier ? Mais quoi ? Des électeurs pauvres auront-ils plus de temps à donner aux affaires publiques ? seront-ils moins faciles à gagner, moins disposés à vendre leurs suffrages, moins dépendants, moins accessibles aux diverses influences du crédit et de la richesse ?

Ne dites pas que leur vote individuel n'aura plus une valeur assez grande pour mériter qu'on l'achète : on l'achètera à meilleur compte. Le prix, qu'on mettait à un seul, en gagnera plusieurs. La corruption se fera en grand, comme autrefois à Rome et à Athènes, et, de nos jours, en Angleterre. Et remarquez que l'obscurité des électeurs les sauvera de l'opinion, et qu'ayant moins à perdre, ils craindront moins de se compromettre. Ainsi, les considérations de respect et d'intérêt personnel, qui retenaient les électeurs censitaires, perdront ici leur influence. Électeurs non propriétaires, électeurs non commerçants, seront-ils plus intéressés à la juste répartition des impôts, à la prospérité du commerce et de l'industrie, au bon ordre et au maintien de nos institutions ? Non, non : en leur donnant le vote, vous n'aurez pas détruit la corruption ; vous l'aurez rendue plus facile et moins chère.

Vous me montrez l'Angleterre avec son suffrage presque universel, avec ses institutions, en apparence, plus libérales, avec sa liberté poussée quelquefois jusqu'à la licence. Voilà, dites-vous, une monarchie constitutionnelle qui ne s'effraie pas des priviléges accordés au peuple.

Mais ne voyez-vous pas, à côté, cette puissante aristocratie qui la soutient ? Celle-ci règne véritablement ; elle concentre en elle seule tous les intérêts du pays, et les affaires de l'État sont devenues les siennes. A elle la possession du territoire, les places, les honneurs, les dignités, les priviléges exclusifs : le peuple des électeurs est dans sa main. Fermiers, laboureurs, artisans, tous relèvent d'elle ; et s'il en est qui s'émancipent jusqu'à lui faire obstacle, elle descend sur la place publique, et elle les achète. Ainsi, elle exerce sur eux la double autorité de la puissance et de la richesse, et elle les gouverne comme il lui plaît. A vrai dire, elle n'a pas beaucoup de peine ; il y a si longtemps qu'ils sont façonnés à ce régime ! Ils portent si loin l'esprit d'ordre et de conservation, le respect pour la hiérarchie, et l'obéissance aux lois !

En France, au contraire, nous n'avons pas d'aristocratie. La noblesse y est sans crédit. Les grandes fortunes territoriales deviennent plus rares de jour en jour, et le sol étant divisé à l'infini, le pouvoir a dû appartenir à la classe moyenne. Celle-ci, en effet, est heureusement placée, comme médiatrice, entre la royauté et le peuple. Elle les défend l'un contre l'autre : elle les retient, elle les concilie, et les fait vivre en bonne intelligence. Supposez que, par l'extension du vote, elle devienne comme si elle n'était pas, ces deux ennemis, placés désormais face à face, engageraient aussitôt une effroyable lutte, une lutte décisive, où l'un des deux tomberait pour ne plus se relever. Il ne s'agirait plus alors de monarchie tempérée, de charte et de constitution ; ce serait tout ou rien : ce serait une monarchie absolue, ou une république.

La classe moyenne est donc notre aristocratie, à nous ; avec cette différence que, l'aristocratie anglaise résumant en elle tout l'État, les priviléges du peuple peuvent être étendus sans que la forme du gouvernement soit altérée ; tandis qu'en France, si vous ôtez à la classe moyenne sa prépondérance, vous déplacez le pouvoir, et vous rendez impossible le gouvernement constitutionnel.

Pour vous en convaincre, jetez les yeux sur le relevé des contribuables. Voyez : la classe riche et industrielle, la bourgeoisie, est représentée par les contribuables à 200 fr. au moins ; et ils sont à peu près deux cent mille. Remarquez maintenant le chiffre des contribuables à 50 fr. Un million !... Quelle disproportion effrayante ! Ne comprenez-vous pas que, si le cens électoral était abaissé seulement à 50 fr., la première classe, étouffée sous le nombre, perdrait aussitôt toute action et toute influence ; que l'autorité passerait aux classes inférieures ; que l'équilibre serait nécessairement détruit, et la forme du gouvernement changée ?

Que serait-ce si le cens électoral descendait plus bas encore ? Que serait-ce s'il était aboli, et si, comme vous le demandez, tout Garde national était électeur, et tout électeur éligible ?

Maintenant, conservateurs, répondez-moi franchement et sans détour. Voulez-vous, oui ou non, la monarchie constitutionnelle, avec les améliorations que le temps seul peut amener? Si vous ne cherchez point à renverser l'édifice que vous avez élevé avec tant de peine et au prix de tant de sacrifices, ouvrez les yeux, reconnaissez enfin le but où vous marchez, et arrêtez-vous, quand il en est temps encore.

Ne dites pas que vous demandez plus pour obtenir moins. Quelques légères concessions que vous exigiez, du moment que vous les exigez, vous détruisez l'autorité morale du gouvernement, et, par un funeste exemple, vous apprenez à d'autres à tout demander et à tout obtenir.

Ne dites pas non plus que, satisfaits de ce premier succès, vous saurez vous arrêter, et défendre le pouvoir contre de nouveaux empiétements. Dans la carrière où vous vous engagez, on ne s'arrête pas ; on va malgré soi.

La violence que vous aurez faite à la classe moyenne, les classes inférieures vous la feront à votre tour : vous serez bientôt débordés, comme l'ont été dans tous les temps les plus hardis novateurs.

Quoi qu'on puisse prétendre, l'union que vous formez avec vos adversaires politiques est pleine de piéges et de dangers; elle est déloyale, car vous feignez un accord qui n'existe pas. Vous savez que vous ne pouvez avoir ni le même but, ni les mêmes espérances, et que le triomphe des uns serait la confusion des autres.

Pourquoi donc servir une cause que vous condamnez? pourquoi porter le premier coup à la vôtre? Sachez faire à vos convictions un sacrifice nécessaire ; sachez attendre, et n'allez pas, pour quelques améliorations qui viendront plus tard d'elles-mêmes, risquer de tout perdre et de tout renverser.

F. COQUILLE,

Grenadier, 1re Légion, 3e Bataillon.